CASI PAISAJE

EDITORIAL CÁNTICO
COLECCIÓN · DOBLE ORILLA, POESÍA
DIRIGIDA POR RAÚL ALONSO

cantico.es · @canticoed

Suscríbete a nuestro blog en

 **Medium** @canticoed

© Alberto Guirao, 2025
© Editorial Almuzara S. L., 2025
Editorial Cántico
Parque Logístico de Córdoba
Carretera de Palma del Río, km. 4
14005 Córdoba
© Fotografía del autor: Harris Panayides
© Imagen de cubierta: *Joyful Mountain Landscape* (1929)
de Paul Klee

ISBN: 978-84-10288-97-3
Depósito legal: CO 1420-2025

Impresión y encuadernación:
Liber Digital

ALBERTO GUIRAO

CASI PAISAJE

EDITORIAL CÁNTICO

COLECCIÓN DOBLE ORILLA ❧ POESÍA

SOBRE EL AUTOR

Nació en Madrid en 1989. Es autor de la novela *Llegarás a Danmara* (Berenice, 2024) y de los poemarios *Ulises X* (Hiperión, 2020), *Los días mejor pensados* (2016) y *Ascensores* (2010).

Entre otros reconocimientos, su obra ha merecido el premio València Nova de Poesía, el Premio Nacional Félix Grande y el Premio Biblioteca Fundación Antonio Gala.

Trabaja como profesor de Lengua y Literatura en un instituto público.

Vivimos por esquirlas
que al desplazarse fracturan el yo y el vosotros
y casi siempre lo único que dejan intacto es el paisaje

Antonella Anedda

LO QUE ES LA LIBERTAD

La liberté... qu'est ce que c'est la liberté?
Chupaban el arroz y nos miraban fijamente sin decir nada.

GRAHAM GREENE

I

Puedes perder este bus porque has madrugado muy bien Y esa
    voz cenital:
Alguien *libre que comienza un largo viaje*
de final incierto hacia el trabajo.
Sobre el cartel de una constructora, no importa el polígono,
    mirad este ángulo:
la punta de un pie desnudo que salía de aquel caos Que surgiera
de entre los escombros de una ciudad incendiada.
El 26% de la audiencia, no obstante, tararea canciones inexistentes.
Una escuela elitista donde prever que emplatarás hamburguesas.
La posibilidad de vivir a bajo precio las más altas pasiones:

con ciertas compañías el alma planea sobre las cosas, tan barata
como un odio específico que alegra la costumbre.
Alguien pide arroz, salsa con pollo, aquello que ha pagado con
    la vida,
con su voz cenital (*alguien libre*) Sin embargo
no es descargable el recibo
hasta después del descenso.

II

Todas esas simulaciones mentales que resuelven
  cinematográficamente EL CASO.
Has practicado *fitboxing*, acroyoga, *mindfulness* porque tenías
  claro que el bochorno era un mal cíclico.
Deberías dedicarte a componer, pero antes del primer verso dios
  descansó.
También en el bus, si escribes un poema y no te agarras, recibirás
  tus primeras críticas:
era el *poeta que desde hace mucho tiempo estaba pidiendo a gritos*
la literatura española.
Eso sí, cualquier letra, por mucho que pese y sea pronta, sufrirá
  un ligero desfase.
Perdernos en la traducción, en la traducción perderse, perderse la
  traducción, traducir la pérdida, traducir y perder E invocar el
  espíritu vengador de Lezama:

¿Que qué he escrito?
Gran mentira.
Paraíso.

III

La llegada de un nuevo año procurando no resbalar con las
    nieves finales
(las primeras en mucho tiempo en Madrid) y caer
en cómo se olvidan palabras del día anterior,
los discursos ajenos y propios que una vez significarían
distinto o mayor o menor que en este momento en que el hielo
se derrite ya oscuro
sobre el brillo del agua.

O brillantes respuestas a recuentos de muertos:
    Bueno, de verdad. Hasta luego. Da igual.
Su posición se verá como muestra de *sensatez* y de *sentido común*,
    según The Wall Street Journal.
Había sucedido al final de otro invierno:
los extraños caballos regresaron Sin embargo
lo testarudo en nosotros resultó acentuarse
porque (fíjate, me dije)
en pleno aprendizaje espiritual
disimulamos peor que nunca nuestro materialismo
y jamás fue tan reconfortante comprobar que la tierra continúa
    siendo
sobre todo naturaleza
(aunque también *95.941 pendientes de una intervención quirúrgica,
    con una demora media de 115 días*)
En algo de todo eso, sin duda,
consiste ser libre, me dije.

IV

Y en las criptomonedas y tapas
frías a las cinco de la tarde, las velas
perfumadas en la esquina de algún urinario y ese
   otro que marcha a tu lado
(siempre va junto a ti y no sabemos quién es, pero está,
   suficiente
para presentimientos), ¿quién es?
¿Acaso aquello a definir
que tan solo rodeamos con violeta intuición?
¿Lo que sobra aun barrido el relato, un sudor pegajoso
sin cáscaras, bolas de papel, el residuo
de arena de la paráfrasis?
¿Aquel heterónimo aparecido en la siesta:
Marcel Bochán, un joven
de isla en isla que aspira
a poeta?

La amistad varía su definición; esto es, requiere una nueva
especialidad del adulto:
prolongaciones precisas de silencio que permitan reconstruir
   bajo la norma.
El respeto y la indiferencia han llegado también al ocio
   (la amistad con uno mismo):

Te aceptas libremente, poquito a poco, y tal vez pueda
lo veloz tu mirada ya calmar,

el desvío en silencio de esos ojos en la tipografía.
Vuelve humildemente, te pido,
a leer como late
nuestro pensamiento.

V

Algo nuevo cristaliza y tiene dientes
para pronunciarse mejor
Es oscuro aunque no de otro tiempo
¿oscuro como cuando nos mareamos?
¿oscuro OLED?
oscuro como esas conversaciones que ya no van a ninguna parte,
    solo nos tienen ahí,
haciendo algo en algún momento del día
¿Hace buen tiempo exactamente para qué?
Una nueva palabra para decir lo mismo que decía una antigua
    palabra
detrás de la palabra

Esta niebla con su cuerpo parecido a nuestra vida
vuelve menos doloroso
lo nunca visto y que nadie jamás ya nos cantará.
Y aunque nos lo cantaran,
terrorífico y alegre,
¿nos permitiríamos sentirlo?

LAS ISLAS DE MARCEL

a cualquier nombre propio llaman identidad

Sara R. Gallardo

*Y si te rindes al hecho
de estar vivo, tienes que avanzar. Estás hecho
para ir de un punto a otro, como una línea.*

G.M. Tavares

1 (Habla Estesícoro)

No es cierta esa historia
no entraste en los barcos fuertes
ni llegaste a los castillos de Troya.

2

Es una verdad universalmente reconocida
que los más notables crepúsculos requieren
la distancia adecuada, el restaurante más caro y compaña
de gentes enfermas por el madrugón, los itinerarios
    prescritos
mucho antes del viaje y que ahora
abrazamos, aunque solo
tangencialmente. Los rehuimos igual
que la inevitable autovía en hora punta.

3

Llegar tarde nada tiene que ver con un tiempo absoluto, sino
con la coordinación de dos movimientos –ha dicho el taxista
camino del ferry también con retraso, donde dormirás
escuchando la conversación de un par de amigos sobre la muerte–.
  Y sueñas
con la coordinación de dos movimientos (esto es, la memoria):
  las cosas
como bailar en la silla, marear a un camarero, beber; y la cosas
que no os pasaron, las playas no visitadas que podrían volver a
    ocurrir.

4

Así es, vendrá la muerte y tendrá
un formulario: exención de responsabilidades. ¿Lo firmas?
El fondo marino es más alto que cualquier rascacielos y si el
    frágil aire
interfiere en nuestra escasa comunicación, imagínense el agua,
    más densa, la lengua
de peces naranjas con dientes de plástico. *Las náuseas*
se pasan con mística –dice el monitor de buceo–, *más allá del*
    turismo
aquí ya no hay mucho, ¿les tomo una foto? ¿Por qué el intenso
color de esta toalla reluce más real que el del pez?

5

Acabas de morder un pedazo de plato, platillo, objeto no
   identificado, ¡paciencia!
Qué alegres las fiestas familiares desde fuera, los saltos
mortales desde fuera, con el agua en la cintura. Sueñas la mar
de cosas tristes no tan lejanas
como un cementerio de neumáticos al que llegáis,
   exploradores, a crol.
Ya estáis repitiendo pose y también restaurante, ¡otro trozo
   de plato! ¡Es la cocinera!
Sí, está cabreada, es verdad, y verás:
también forma parte de nuestra tradición.

6

Cada agosto el cisma de occidente:
sol o sombra en la playa. Y tú no te mojas,
estudias poética sobre el *paddle* surf: no remar
y cuando uno rema, hacerlo con fuerza. Pero siempre
allanas la zona de boyas ¿y la inspiración? *Una pluma
entró sola en mi oído* –tu amiga bronceada–
cuando era pequeña y dormía a la sombra.

7

De hecho, la mayoría de sombras son cuerpos
violentamente volátiles
que no surcan ni mapas ni planas afueras
donde mezclan, las fiestas, patronales, las músicas
(como ahora en estas terrazas) (macro-discotecas).
Bien podríamos distinguir subgéneros de sombra: el extradiegético
(aquella que el arco de grados proyecta en el globo terráqueo), etc.

8

Cuando Marcel Bochán se despertó una mañana después
de un sueño intranquilo, se encontró
en tercera persona, pero no hubo queja
ni al narrador ni al señor que le bloqueaba el paso en el
    desayuno:
cascarrabias idénticos y orgullosos de generar
cierta desconfianza (como si al miraros o dejarse el café en la
    mesa con prisas os
alquilaran un coche que debieseis revisar). Pero ahora,
    Marcel,
mientras comentas con tus amigos de viaje tus viajes (una
    redundancia,
bien vista, borgiana), te prometes nadar y escribir.

9

y que nadie se sorprenda si ve a los delfines
cambiar su agua con las bestias, podría decirte
Arquíloco de Paros. Seamos, no obstante, juiciosos
contigo Marcel (¿poeta experimental?) porque (y habla Tirteo):
¡Honor merece el hombre que cae en la vanguardia
como un guerrero valiente!

10

La imaginación del editor del vídeo supera
la de los avezados espectadores de vasijas. La cuestión
es estar a la altura de expectativas hinchadas y débiles
o prometer poca cosa (por ejemplo, la vista
del navegador, la alarma de incendios, el idioma
de los pirahã, sin memoria ni literatura). ¿Recuerdas
todas esas escenas de frustración estival perdidas cual lágrimas?

11

Has visto cómo una pareja en kayak, con miedo (exceso de alegría),
se internaba en la gruta romántica cuando aparecisteis tú y tu
   amigo en calzones.
Has visto cómo un conductor sin seguro y experimentado sufría un
accidente de moto al poco de salir del concesionario insular.
Has visto a una familia asistir a una puesta de sol con Safo de fondo
(*Como la manzana dulce que enrojece en lo alto de una rama*)
y no encontrarse la prístina noche de bodas, sino con Alceo en un
   edredoning
(*cuando le soltó el cinto virginal se mezclaron en la calidez del amor*),
   arena y resaca.
Por eso te digo que drenes, Marcel, algo de ilusión de tu pecho;

12

la misma esperanza que uno debe llevar bien domesticada
   cuando se aproxima al
encabalgamiento. ¿Te suena de algo, Marcel? ¿Qué son
la vida y las vacaciones sino una logística
fuera de la muerte y de casa?

13

Puede que en Oriente opinen distinto, pero qué
   incomparable el recurso antitético.
Lo mejor de la altura: los dioses egipcios, el anfiteatro y el
   paisaje fundacional.
Lo peor: el silbato del yacimiento que cierra y los precios de
   la Coca-Cola. ¿Ven
que sencillo resulta? Miren su Smartphone y compren
antes de perder la red, pero nunca respondan
llamadas en la puerta de los cementerios, no sean
   imprudentes.

14

El animal turístico pasta junto a la espuma,
bebe y descansa en iglesias azules y atiende
a Simónides en una calleja de Ceos; dice que alguien dijo:
la generación de las hojas
se parece a la generación de los hombres.
¿Lo has guardado en tu corazón
chiquito y ligero como de aerolínea
junto a algún sintagma (*muy típico*), los ojos azules
de algún camarero, rimas asonantes y el miedo al insomnio?

15

Ahora que has llegado al ecuador de tu viaje, Marcel,
cómo envidias al Marcel que partió. Aceptar estos golpes
   demuestra
que eres civilizado. La gente no airea sus lamentos
mientras quebráis el marisco, sino que habla a susurros, incluso
   esa señora tan guapa.
¿Es suyo esta tarde el sombrero que arrastra el etesio?
Esperamos al menos unas iniciales (inscripción en lo hallado);
   no obstante,
así pasan los días, sin nombre, ventosos, o con mismo nombre,
   semana a semana.
Cuánto habrá que nadar para ahogar esta angustia.

16

Bastará decir que soy Marcel Bochán,
el poeta que mató a A. Guirao; supongo
que el proceso está en el recuerdo de todos y que no
me echan de menos ni en mi casa. ¿Por qué lo hice? Es difícil
de explicar; por ser antologado, por un buen colofón, concretamente,
Mimnermo: *Pero si pasas ese borde de juventud,*
mejor morir que vivir,
que dolores terribles oscurecen el alma.

17

Muchas gracias, Marcel, ¿podemos continuar
o volverás a interrumpir igual que esta noche el silencio
motorizado de la isla? Pobres estampas isleñas; y no me refiero
al ronquido (*pezuñas sonoras en nuestros sueños ligeros,*
que diría Alcmán), sino a ese *flow* de licores de supermercado
(el pueblo descansa por ti) en las azoteas descritas ahora por Solón:
no saben mantener la voracidad salvaje
y honrar tranquilamente las fiestas.

18

La candente mañana en que Marcel Bochán despertó
no se rebajó un solo instante ni al sentimentalismo ni al miedo pues
lo había hecho durante la noche: un mar removido
le había abrazado el pecho con algas. Se las despegó
una y luego otra y otra más, pero sin asco ni prisas. Las algas
efectivamente se parecían a las hojas: tal vez
puedan comprender a Bochán cuando al fin haga aquello que
     piensa. Hoy: el último día
que Marcel pasa con sus amigos.

19

Conviene puntualizar: aquello que piensa Marcel
no importa tanto como el hecho de que hay deseos susceptibles
de ser compartidos en un engranaje que falla a menudo (no por
    desgastado, sino
por ciertas pulsiones unilaterales); y esto se llama *amistad*.
Es buena para pagar alquileres, fijar la memoria, resistir
el terror a no hallar la salida, a que no nos dé tiempo, a esa caja
con hombre amarillo a punto de rayo. Esa caja
(que cambia según la agitemos en los desayunos) se llama
    generación.

20

Si el tiempo sonase, concluyes, sonaría igual que un tendido
eléctrico en medio del campo. ¿Será posible
que mientras sacudo la arena de esta tumbona, en Madrid ya no
    existe? Otra vez
con Mimnermo, equiparas playa y ciudad (manguitos y casco):
    Avara y mísera,
hace que el hombre parezca repugnante. A pocos metros
desentierran una cama balinesa sin difunto, pero ya has recordado
a Chicho Ibáñez y, lo que es peor,
ese dolor de espalda que pronto arrastrarás solo.

21

todos se hacen sensatos y todo es sabio
por debajo de su techo, citas de nuevo a Solón
mientras miráis las viejas estrellas. ¡Qué bien se ve Sagitario
a través de esta app! ¿Declamas mi horóscopo?
Ya en la habitación, compruebas billetes, dedicas abrazos, aplastas
un insecto en honor a Simónides: *Porque tan rápido como el*
cambio de destino, no es
ni el aleteo veloz de una mosca.

22

Estás a punto de empezar a leer
los poemas que Marcel escribió en la capital.
Deja que el mundo que te rodea se esfume
en la promesa de un atardecer junto al puerto del Pireo, de cuidadoras
extranjeras y bebés que te escalan, del vagón, de lo *típico*
en lo avejentado, averías, bares, *souvenirs*, del cambio de guardia
y WhatsApp con fotos donde ya no apareces; archivas la
    conversación. Esperemos
que te dejen en paz.

23

Hui hacia las islas y, en fin,
me topé con los cerros de mi torpe infancia
(ahora bien, rodeados de mar, esto es,
infancia rodeada del mar
que no tuvo y seis tiras de cielo y salitre,
brisa o baile, como una bandera).
Labré risueños residuos, rocas
al pie como casas y sobre la piel
(serena y reseca)
la plata del mar
y el habla del cerro.

24

¿En miradas idénticas sobre idéntica espuma?
¿En el rastro de islas y en las pocas palabras?
¿En veloces delfines y ese músculo fuerte
(¿demasiado delgado?) o en espaldas desnudas
que respiran broncíneas por un solo lunar?

¿Cabré yo en la memoria
en alguna memoria
con las últimas olas?

25

Hubiera sido imposible distinguir el mar del cielo, excepto
porque la ciudad separaba poco a poco, en el horizonte, cielo y mar.
¿A qué altura −te preguntarás mañana, Marcel−
deja a la Academia el rigor de los yonquis? Es más, ¿a qué altura
deja a los que os congregáis para la visita organizada (tándems
insólitos, linajes de Carabanchel y ese que va solo, eres tú)?
Cómo no distinguirte, Marcel, si eres la envidia del grupo:
    mantienes el ritmo,
memorizas (*micénico, arcaico*), realizas preguntas y estrujas tu
    crema solar.

26

El Tesoro de Delfos, la Acrópolis, las vistas del Licabeto...
   ¿Apartarías todo esto de ti
porque te sentaran con alguien para la comida y un poco de vino,
   a la noche
un brindis con *mastika* y hablar demasiado de aquello que
   piensas hacer?
En cambio es curioso cómo en altura las cosas parecen cercanas:
ese oráculo de la última estrella, el monte que no subirás y ahora
   rozas casi con
tu estremecimiento como este diario que escribes en el mirador
   del Aerópago,
esta voz que dice *Marcel* fingiendo mi fe (¿es tu fe?) en la sintaxis,
esta voz que se enuncia enunciándote en la única lengua que
   entiendes.

27

Más allá de tema de terapia, la familia, Marcel,
es la innecesaria secuela de un guionista obcecado: no,
los personajes perdieron su gracia y *esta casa no es la que era*;
    no obstante, Marcel,
¿quién reniega en la madrugada de una borrachera de
    reposiciones?
Por lo demás, ¿qué significa *país* más que una palabra
para vestir los domingos a juego corbata y gayumbos? Terrible
debe ser habitar un país. Más que patria, ya sabes,
será el cerro que fue.

28

¿A dónde entonces marchar? Contesto: al ritmo de un
    arqueólogo. Entierras
la mochila en consigna, tus pasos en mapas, tus pupilas
en aquellas pupilas que observan lo mismo que observas.
    Clavado
en el *snack-bar*, un póster: un dios con patas de carnero
    seduce a Afrodita y te alienta
a pagar el menú. Y rebuscas en el Egipto helenístico
lo mismo que en ojos que ya te han mirado una vez: el rastro
de alguna extrañeza (con tiempo
ha sido sedimentada). ¿Acaso no es esa
nuestra mejor tradición? Una blanca paloma
se cuela en la tienda, picotea los relieves de algún cementerio
    y, en realidad,
está la pobre tan sucia que bien podría ser cualquier otro
    pájaro.

29

El camino del héroe, qué maravilla, queda resumido en recados:
   la guerra
nos ofrece a todos trofeos (miniaturas
de un gran y famoso edificio), el sueño en las ventas ahora
dura lo que dura un café y nadie te asalta
embozado en su mascarilla y en los monasterios
ya no hace frío, aunque se redujo el gramaje. Has comprado
una antología de antiguos poetas pensando en la facturación.
¿Puede que sea este el único plan que has logrado cumplir?

30 (Testamento estival)

Agosto no es un mes, no es un mes.
Agosto viene alejándose. Nací
en septiembre. Eso fue vivir coordinado. ¿Y quién lo querría?
Agosto no es un mes; sin embargo,
pliego mis planos y hoteles, exploro
los límites: mudanzas e ideas de un gran e hipotético viaje
a algún rinconcito de Asia, *las formas*
cuadradas y redondas del mundo, lecturas
que ocupan lugar. ¿Escribir
agosto en poemas traerá las palabras
libres de su sentido, demasiadas palabras
como para que alguien crea que solo hablamos de aquello que
    hablamos y así,
tras atracón nocturno y prosaico,
degustar los fonemas con la vista en verbo en diván?
Generemos cómplices gestos más allá del guiño agotado:
cantar la escondida razón, sugerir
que intuimos misterios incluso en sintagmas simplones: *un buen*
día en la piscina (y quizá nadie nade) *un buen día en la piscina*
(el bocata en la bolsa nevera, motivo de veneración, descuentos
en otras piscinas, de piscina en piscina,
la gran aventura de un tal Neddy Merrill).

Lego agosto a Madrid (la alfombra perfecta)
y quizá ya no vuele justo cuando suena mejor. La distancia,
más difícil fijar que sufrir. Insistimos

en la fragilidad de los pasaportes. Sabemos
que nada, ninguna desgracia, podría acontecer igual que la
   imaginamos. Sabemos
que aún no es agosto, que agosto no existe y su ausencia
   (ahora bien)
nos recuerda
que podría volver a ocurrir.

31

Si te preguntas, amor, qué poema te ha dedicado Marcel,
por qué no habla nunca de ti; escucha: en la terminal
vio dos adolescentes (que habían perdido su vuelo) llorando y
     se dijo
que aquello no conmovía. Y horas antes
vio a un hombre tranquilo en una terraza, vio que solo se
     despedía cada mucho
para atender, justo enfrente, con esmero su *parking* y después
     regresaba y se dijo Marcel
que ojalá así fuesen sus días. Y si quieres, amor,
un poco de épica, escucha:
no habría vuelto de Grecia si no fuera por un trozo de vida en
     común,
eso dijo Marcel.

LAS FORMAS CUADRADAS Y REDONDAS DEL MUNDO

¡ojalá tu camino apunte siempre más allá!
pero demórate en los senderos ocultos, retirados

SI KONGTU

Hacia su origen atraviesa
el avión la noche.

En las manos, un cansancio
que va calentando el pan.

Un espantapájaros
milenario baila
la vida de los pescadores.
Le hacen fotos como
si solo fuese un títere.

Con la oscuridad, nadie en el río.
Suena la hélice de
una pequeña barca.

Un millón de motos sobre el puente de Gustave Eiffel:
cardumen que va y regresa.

El tren pasa a su hora, va a las montañas,
y el nadador bracea; sin embargo,
la corriente serena lo retiene.

Un corazón se aleja
en una mano desde la moto.
Un pez abandona el agua,
lo recogen del cemento.
Vuelve un pañuelo al bolsillo,
sedoso, en la catedral.

Menos interesantes
son las palabras,
pero nos mantienen
ahí: próximos
mientras todo ocurre.

La niebla oculta
el paisaje. Los sonidos
dibujan otro.

Vestidos de colores
barren el campo.

Los saludos serpentean
por el sendero: el agua salta
de arrozal en arrozal.

Si soplas con fuerza se obstruirá su sonido.
Si inspiras con fuerza los pulmones no se llenarán.

Como quien sumerge un dedal en el cuenco
o anuda un lazo en la nuca mirando a los ojos
o desangra sobre la sal un cuello de gallina
o canta otra lengua sin desafinar.

Serás como un niño desnudo
que salta al río y al salir
guarda arena en las manos.

Cuando te canses de brindar, tan solo
acércate el vaso y bebe tus labios.
El café, gota
a gota sobre la dulce leche.

Esos pensamientos se van
con el golpe de una rama. Un
apretón de manos y sorbos
de té entre el humo.

Pero regresan y estorban,
frecuentes. Observas
las telas plegadas de noche y no
el florido mercado a la mañana.

Igual que juegan los perros
si alguien nuevo se acerca.
Igual que se pasan los niños
tímidamente el balón
antes de abalanzarse
sobre la fruta y el queso.

Una hoguera en el monte. Un
asado en la choza. Esa
sonrisa que duda:
no entiende qué dices.

Paseamos sobre la acequia,
en fila por medio del sembrado.
Hasta su pueblo iremos
en misma dirección.

En la cabaña, las deportivas
empapadas del viajero
junto a la lumbre.

Mediodía sobre una última
conversación en el hogar
con la mujer, la abuela y el niño.
También un anciano
pensativo entra en calor.

No hay abrazos y no obstante:
comida de mano en mano, unas bolsas
en las que enfundar los pies
para dejar las flores del ciruelo
y proseguir el lluvioso camino.

Su hermano pasa el hilo
entre dos palos, sin prisa.

Hebra a hebra,
componer historias
sobre semejanzas.

O amar por teléfono
mientras venden anguilas
y un rollito se fríe.

Cuando sepas de alguien
que supo de ti al otro lado,
entonces podrás
cruzar la frontera.

Siglos preparándonos
para acoger
o habitar.

Tostar el bambú, la música
de la radio del coche, el Río
Negro, luminosa
llanura, las faldas
del Fansipan.

Tú también, ahora eres
casi paisaje.

La estación
en que el caballo es más caro
(por poco tiempo) que el búfalo,
las ranas hibernan
en la cascada
Thac trai him.

Enseñar el gusto
dorado. Aprender
qué hojas posar en la sopa.

En la aldea de la juventud
los guijarros resbaladizos
fueron una vez
grabadas lindes:
un mismo corazón
blanco de la piedra.

Demorarse en la cama, en la villa. Estás
alcanzando un extremo. La gente
te invita a su mesa, los niños
saludan. ¿Podría
ser este tu hogar?

Te internas en las grutas,
en la angosta senda
que lleva hasta un prado.
Descansa y contempla (ya no
irás nunca tan lejos):

El silbo de las aves, un
ermitaño cargando la leña.

Por fin ha llegado la hora
de volver hacia el sur.

La despedida debería ser
(al menos para ti)
forma de compromiso.

Anónimas islas
desde la hamaca. El viento,
un próximo árbol: bellas
y oscuras mariposas
anidan sus ramas y es
Sol Verde Derivas Varios
animales navegan
junto a tus ojos (cansadas
caracolas de luz).
Esta tierra tan suave
que la bahía nos ofrece, así

es un
silencio

sobre otro
silencio.

Rechaza los mensajes de encuentro
y emprende la subida
a Cannon Fort.

Coincidirás con el hombre del norte.
Desconoces cómo se llama, pero
ascendéis por idéntico
y escarpado terreno.

Compartís vuestros viajes hasta
las vistas de esta isla
y volvéis con cuidado:
mismas piedras bajo vuestros pies.

Pronunciáis vuestros nombres
al deciros adiós.

Si te internas por los arrozales
verás el renacuajo en el charco
o las vacas pastar junto a tumbas,
pero también puede ser que conozcas
alguien de quien alejarte.

Deséale suerte
antes de subir a la barca
y salvar el monte en lo profundo:
esas aguas ajenas
a vosotros y al tiempo.

Igual que hunde el loto
sus raíces y bucea para luego
rosáceo emerger,
así tú te embarras. Más tarde
salvas peldaño a peldaño
la escalinata
hasta el mirador.

No obstante, aceptas:
los años pasaron, no puedes
amar como antes.
Tal vez veas más ahora:

inmóvil, un ave
en la cima, quizás
en el centro de qué

El incienso se quema
en el templo. El canto del rin gong
se disuelve. La barca
se desliza a esta hora
sin tener que remar. Un insecto
abandona la rama
y se esconde. De noche
no quedan peregrinos
en la alta Hang Mua. El aire
arrastra en esta dirección
las hojas suspendidas.

La misma dirección en que ella
se aleja entre los árboles,
prosigue su viaje.

Con la barba blanca, acaricia
la única cuerda
sobre el hueco bambú.

Calientes, los cantos rodados
masajean tu espalda.

Abren la O de su boca
en la superficie, los peces:
maná de meandro.

Apenas una llama
tuesta el bánh mì en la sartén.

Ni siquiera rozándola,
así suena bien la nostalgia.

Aquí el aire es un peine.
Una anciana
acaricia a una niña.

En este lugar:
grupos de escolares,
piel embalsamada.

¿Cómo vas a conservar
tantas imágenes? ¿Cómo
te van a conservar?

Has amado el norte, has
añorado el sur. Deja ir,
suelta en su equilibrio
la balanza.

Un avión atraviesa el azul de la noche.
El azul mece un bosque.
El bosque acoge a un viejo:

ha salido de casa
sosegado y lo cruza
por enésima y última vez.

Entre viejo y avión,
noche azul, ¿qué contemplas?

Ya se apaga
su presencia.

EPÍLOGO

EL ROCÍO EMPAPA
LAS MANGAS DE SAN JUAN

En el rocío
de la hierba estival
que nada dura,
pone la vida entera
la efímera cigarra.

ANÓNIMO

Persigues la cigarra, tu animal favorito.
Te acercas y percibes su inmediato silencio,
su presencia de ámbar, su envoltura sin nombre
(como yo algunas noches apoyado en tus hombros).

Es difícil ser uno en la sombra tan grande.
Es difícil ser uno, no beber la alegría,
no buscar los caminos, no encontrarse en los rostros
que en la noche se encuentran y en silencio se buscan.

Bajo luna de estío yo también fui cigarra.
Me tomaste en la mano, me guardaste en el nombre.
Al subir simulamos el silencio, la noche
(¿lo notó acaso alguien al fijarse en mi rostro?).

He sentido el placer de caer de una rama
sobre el césped mojado junto al cauce sonoro.
He sentido el incendio sudoroso de agosto
congelar horizontes de trigales y cerros.

¿Sonreíste al oírme sin cruzar aún la calle
e inundado de noche, en la acera sin nombre
donde habita el calor y se teme el olvido
al mirar y no ver? ¿Fue silencio o sonrisa?

Igual que a una cigarra, me temblaban las piernas
y quisiste en tu sombra sostener sostenerme.
No hacía falta advertir que ya no era de noche.
Pronunciaste mi nombre, pero no dije nada
estando ya mi casa sosegada.

NOTA DEL AUTOR

Esta escritura ha sido una forma de habitar el paisaje. Sería ingenuo pensar que, aunque solo, andaba yo escribiendo en soledad. Fue allí, en la islita de la voz, donde los amigos cobraron importancia.

Resuenan en el libro las conversaciones con Arantxa Romero, Jorge Solís, Fran Chamorro, Jesús Romero y Antonio Amado. También con mi querido alumnado del Centro de Poesía José Hierro de Getafe.

En lo que a Marcel respecta, visitó cerros y mares en amistad con Pilar, Víctor, Zaray, Juan y Pedro. También le hicieron compañía las traducciones de Betty Routsi.

Las formas cuadradas y redondas del mundo son para la familia de Nguyễn Hải. Y para Tàu, Vu Vi, Huyen y Marianne.

El epílogo, rastro de una novela detrás del poemario, es con María Caballero.

ÍNDICE

Casi paisaje
de Alberto Guirao,
compuesto con tipos Montserrat en créditos
y portadillas, y DGP en el resto de las tripas,
maquetado bajo el cuidado de Daniel Vera
y con la aprobación de Raúl Alonso
como editor de mesa de la obra,
se terminó de imprimir
el 27 de septiembre de 2025,
ese mismo día de 1590,
el papa Urbano VII muere
trece días después de su nombramiento,
siendo el pontificado más corto de la historia
si se omite el de Esteban II que duró solo tres días
(del 22 al 25 de marzo del año 752), aunque este
último no es considerado un pontificado oficial.

LAUS DEO